JN037119

年 月 日 名前（　　　　　　　　　　　　　　）

下の枠の中に が３組あります。それらを見つけて

 のように線でむすびましょう。

宮口幸治：やさしいコグトレ―認知機能強化トレーニング．三輪書店、2018 より

年　月　日　名前（　　　　　　　　　　　）

下の枠の中に ⬚ が3組あります。それらを見つけて

◇ のように線でむすびましょう。

年 月 日 名前 ( )

下の枠の中に が3組あります。それらを見つけて

 のように線でむすびましょう。

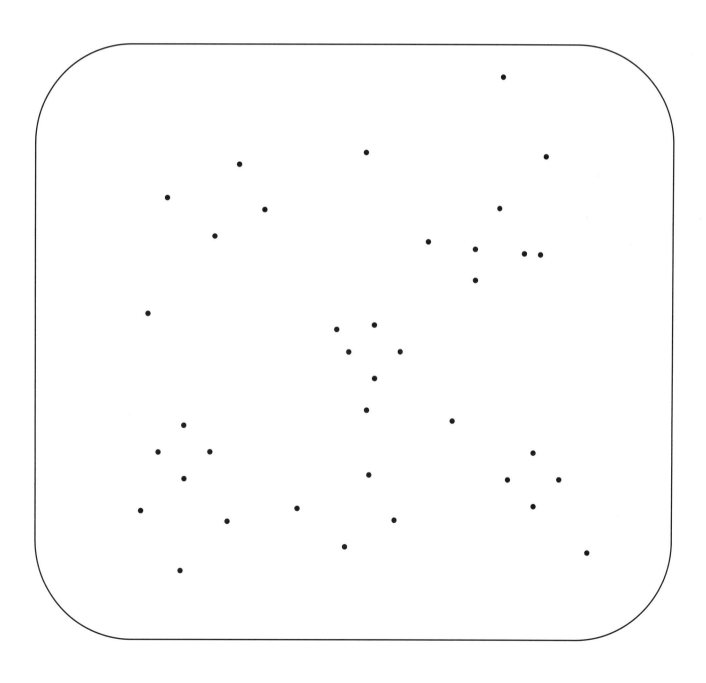

宮口幸治：やさしいコグトレ―認知機能強化トレーニング. 三輪書店、2018 より

年　月　日　名前（　　　　　　　　　　　　　　　）

下の枠の中に が4組あります。それらを見つけて

 のように線でむすびましょう。

宮口幸治：やさしいコグトレ―認知機能強化トレーニング．三輪書店、2018 より

年　月　日　名前（　　　　　　　　　　　　　　　）

下の枠の中に が４組あります。それらを見つけて

 のように線でむすびましょう。

宮口幸治：やさしいコグトレ―認知機能強化トレーニング．三輪書店、2018 より

年　月　日　名前（　　　　　　　　　　　　）

下の枠の中に が4組あります。それらを見つけて

 のように線でむすびましょう。

年 月 日 名前（　　　　　　　　　　　　　　）

下の枠の中に が5組あります。それらを見つけて

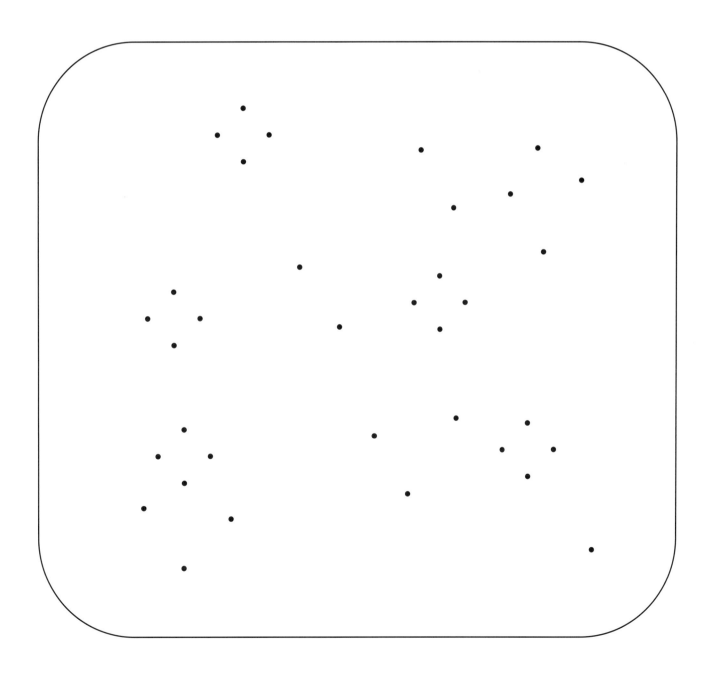 のように線でむすびましょう。

宮口幸治：やさしいコグトレ―認知機能強化トレーニング．三輪書店、2018 より

年 月 日 名前（　　　　　　　　　　　　　）

下の枠の中に　•　•　•　が5組あります。それらを見つけて

◇　のように線でむすびましょう。

宮口幸治：やさしいコグトレ―認知機能強化トレーニング. 三輪書店、2018 より

年　月　日　名前（　　　　　　　　　　　　　）

下の枠の中に が5組あります。それらを見つけて

 のように線でむすびましょう。

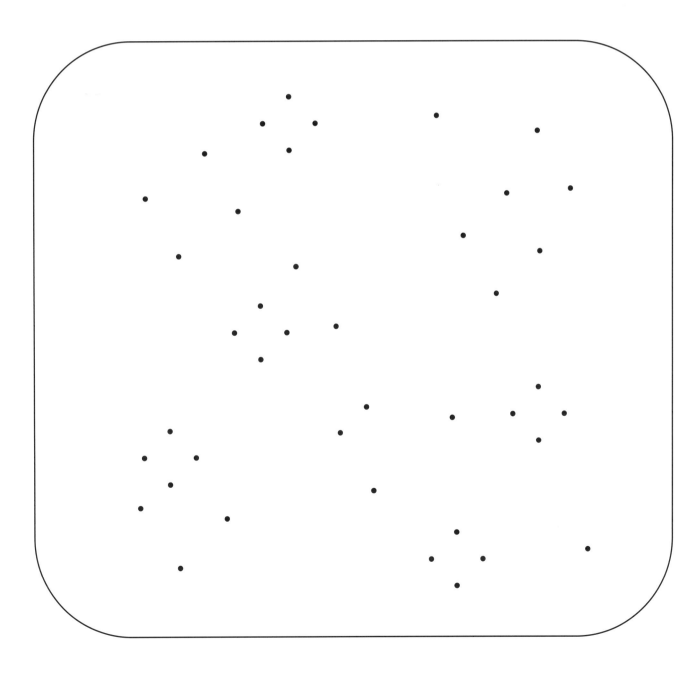

宮口幸治：やさしいコグトレ─認知機能強化トレーニング．三輪書店、2018 より

年 月 日 名前 (　　　　　　　　　　　　　)

下の枠の中に が5組あります。それらを見つけて

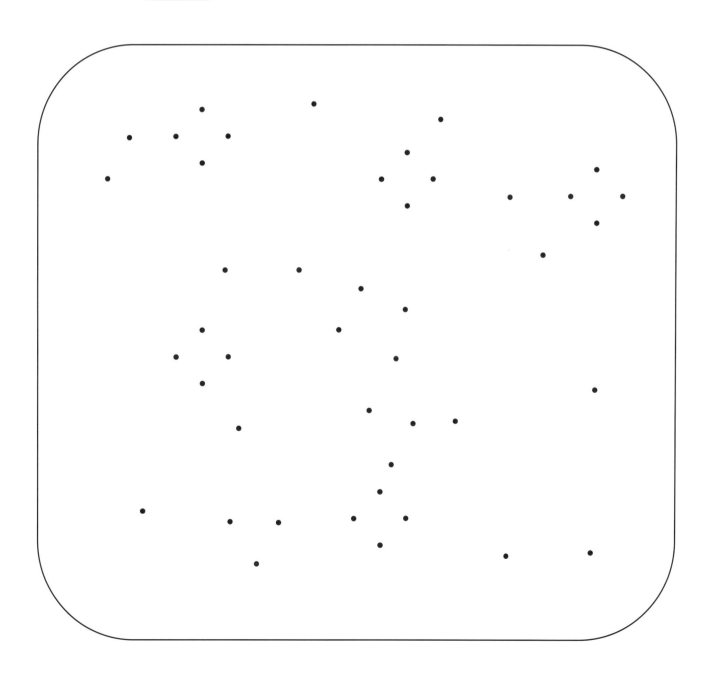 のように線でむすびましょう。

宮口幸治：やさしいコグトレ─認知機能強化トレーニング．三輪書店、2018 より

年　月　日　名前（　　　　　　　　　　　　　）

下の枠の中に が５組あります。それらを見つけて

 のように線でむすびましょう。

宮口幸治：コグトレドリル やさしいコグトレ―見つけるⅢ．三輪書店、2023

この影はどれ？　②-6

年　月　日　名前（　　　　　　　　　　　　　　）

この影をみて、何の絵か当ててください。

下の①～④から選びましょう。

答え　[　　　]

宮口幸治：やさしいコグトレ—認知機能強化トレーニング．三輪書店、2018 より

年　月　日　名前（　　　　　　　　　　　　　　）

この影をみて、何の絵か当ててください。

下の①～④から選びましょう。

答え　[　　　]

宮口幸治：やさしいコグトレ―認知機能強化トレーニング．三輪書店、2018 より

年　月　日　名前（　　　　　　　　　　　　）

この影をみて、何の絵か当ててください。

下の①～④から選びましょう。

答え　[　　　]

宮口幸治：やさしいコグトレ―認知機能強化トレーニング．三輪書店、2018 より

年　月　日　名前（　　　　　　　　　　　　　）

この影をみて、何の絵か当ててください。

下の①〜④から選びましょう。

答え 〔　　　〕

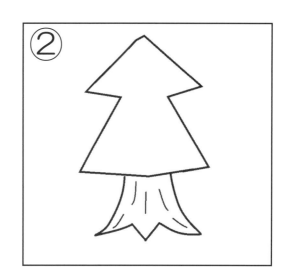

宮口幸治：やさしいコグトレ―認知機能強化トレーニング．三輪書店、2018 より

年　月　日　名前（　　　　　　　　　　　　　　）

この影をみて、何の絵か当ててください。

下の①～④から選びましょう。

答え〔　　　〕

①

②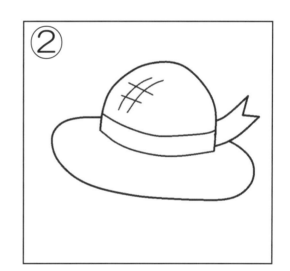

③

④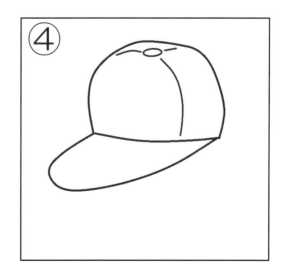

宮口幸治：やさしいコグトレ―認知機能強化トレーニング．三輪書店、2018 より

年　月　日　名前（　　　　　　　　　　）

この影をみて、何の絵か当ててください。

下の①〜④から選びましょう。

答え 〔　　　〕

①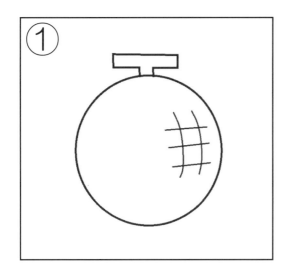

②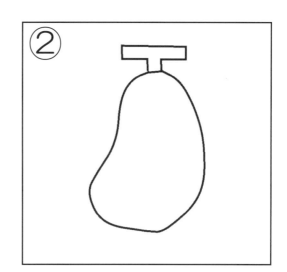

③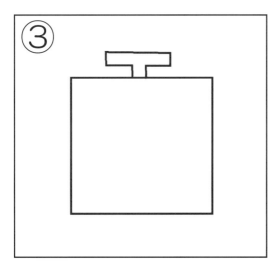

④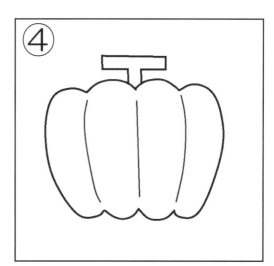

宮口幸治：やさしいコグトレ―認知機能強化トレーニング．三輪書店、2018 より

年　月　日　名前（　　　　　　　　　　　　）

この影をみて、何の絵か当ててください。

下の①〜④から選びましょう。

答え 〔　　　〕

宮口幸治：やさしいコグトレ―認知機能強化トレーニング．三輪書店、2018 より

この影^{かげ}はどれ？ ②－13

年^{ねん} 月^{がつ} 日^{にち} 名前^{なまえ}（　　　　　　　　　　　　）

この影^{かげ}をみて、何^{なん}の絵^えか当^あててください。

下^{した}の①〜④から選^{えら}びましょう。

答^{こた}え　〔　　　〕

①

②

③

④

宮口幸治：やさしいコグトレ―認知機能強化トレーニング．三輪書店、2018 より

年　　月　　日　名前（　　　　　　　　　　　　）

この影をみて、何の絵か当ててください。

下の①〜④から選びましょう。

答え〔　　　〕

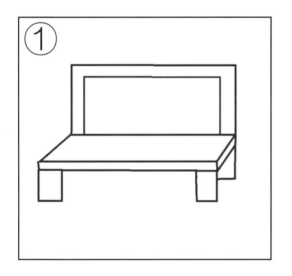

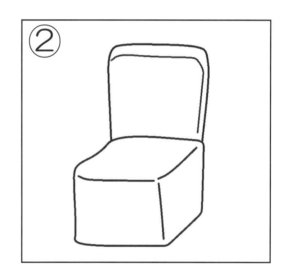

宮口幸治：やさしいコグトレ―認知機能強化トレーニング．三輪書店、2018 より

年(ねん) 月(がつ) 日(にち) 名前(なまえ)( )

この影(かげ)をみて、何(なん)の絵(え)か当(あ)ててください。

下(した)の①〜④から選(えら)びましょう。

答(こた)え [ ]

宮口幸治：やさしいコグトレ―認知機能強化トレーニング．三輪書店、2018 より

年<ruby>ねん</ruby> 月<ruby>がつ</ruby> 日<ruby>にち</ruby> 名前<ruby>なまえ</ruby>( )

この影<ruby>かげ</ruby>をみて、何<ruby>なん</ruby>の絵<ruby>え</ruby>か当<ruby>あ</ruby>ててください。

下<ruby>した</ruby>の①〜④から選<ruby>えら</ruby>びましょう。

答<ruby>こた</ruby>え 〔 　 〕

①

②

③

④

宮口幸治：コグトレドリル やさしいコグトレ―見つけるⅢ．三輪書店、2023

年　月　日　名前（　　　　　　　　　　　　　）

下の6枚の絵の中に、全く同じ絵が2枚あります。その2枚を探して
下の［　　］に番号を書きましょう。

同じ絵は［　　と　　］

宮口幸治：やさしいコグトレ―認知機能強化トレーニング．三輪書店、2018 より

年　月　日　名前（　　　　　　　　　　　　　　　　　　）

下の6枚の絵の中に、全く同じ絵が2枚あります。その2枚を探して
下の［　　］に番号を書きましょう。

同じ絵は［　　　　と　　　　　］

宮口幸治：やさしいコグトレ―認知機能強化トレーニング．三輪書店、2018 より

年　月　日　名前（　　　　　　　　　　　　　　　　　　）

下の6枚の絵の中に、全く同じ絵が2枚あります。その2枚を探して
下の［　　］に番号を書きましょう。

①

②

③

④

⑤

⑥

同じ絵は［　　　と　　　］

宮口幸治：やさしいコグトレ―認知機能強化トレーニング．三輪書店、2018 より

年　月　日　名前（　　　　　　　　　　　　　　）

下の6枚の絵の中に、全く同じ絵が2枚あります。その2枚を探して
下の［　　］に番号を書きましょう。

同じ絵は［　　　と　　　］

宮口幸治：やさしいコグトレ─認知機能強化トレーニング．三輪書店、2018 より

年　　月　　日　名前（　　　　　　　　　　　　　）

下の６枚の絵の中に、全く同じ絵が２枚あります。その２枚を探して
下の［　　］に番号を書きましょう。

同じ絵は［　　　と　　　］

宮口幸治：やさしいコグトレ―認知機能強化トレーニング．三輪書店、2018 より

年　月　日　名前（　　　　　　　　　　　　　　　）

下の6枚の絵の中に、全く同じ絵が2枚あります。その2枚を探して
下の[　　]に番号を書きましょう。

同じ絵は[　　　と　　　]

宮口幸治：やさしいコグトレ―認知機能強化トレーニング．三輪書店、2018 より

年　月　日　名前（　　　　　　　　　　　　）

下の6枚の絵の中に、全く同じ絵が2枚あります。その2枚を探して
下の［　　］に番号を書きましょう。

同じ絵は［　　と　　　］

宮口幸治：やさしいコグトレ―認知機能強化トレーニング. 三輪書店、2018 より

年　月　日　名前（　　　　　　　　　　　　　　）

下の6枚の絵の中に、全く同じ絵が2枚あります。その2枚を探して
下の [　　] に番号を書きましょう。

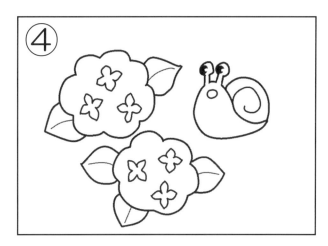

同じ絵は [　　　と　　　]

宮口幸治：やさしいコグトレ―認知機能強化トレーニング．三輪書店、2018 より

年　月　日　名前（　　　　　　　　　　　　　）

下の6枚の絵の中に、全く同じ絵が2枚あります。その2枚を探して
下の ［　　］ に番号を書きましょう。

同じ絵は ［　　　と　　　］

宮口幸治：やさしいコグトレ―認知機能強化トレーニング．三輪書店、2018 より

年 月 日 名前（　　　　　　　　　　　　　　　　　　　　）

下の6枚の絵の中に、全く同じ絵が2枚あります。その2枚を探して下の［　　］に番号を書きましょう。

同じ絵は ［　　　と　　　 ］

宮口幸治：やさしいコグトレ―認知機能強化トレーニング．三輪書店、2018 より

年　月　日　名前（　　　　　　　　　　　　　　）

下の6枚の絵の中に、全く同じ絵が2枚あります。その2枚を探して
下の [　　] に番号を書きましょう。

同じ絵は [　　　と　　　]

宮口幸治：やさしいコグトレ―認知機能強化トレーニング．三輪書店、2018 より

年　月　日　名前（　　　　　　　　　　　　　　　）

下の6枚の絵の中に、全く同じ絵が2枚あります。その2枚を探して下の［　　］に番号を書きましょう。

同じ絵は［　　と　　］

宮口幸治：やさしいコグトレ―認知機能強化トレーニング．三輪書店、2018 より

年　月　日　名前（　　　　　　　　　　　　　　　）

下の6枚の絵の中に、全く同じ絵が2枚あります。その2枚を探して
下の［　　］に番号を書きましょう。

同じ絵は［　　と　　］

宮口幸治：やさしいコグトレ―認知機能強化トレーニング．三輪書店、2018 より

年　月　日　名前（　　　　　　　　　　　　　　　　）

下の６枚の絵の中に、全く同じ絵が２枚あります。その２枚を探して
下の［　　］に番号を書きましょう。

同じ絵は［　　　と　　　］

宮口幸治：やさしいコグトレ―認知機能強化トレーニング．三輪書店、2018 より

年 月 日 名前（　　　　　　　　　　　　　　）

下の６枚の絵の中に、全く同じ絵が２枚あります。その２枚を探して
下の [　　] に番号を書きましょう。

同じ絵は [　　　と　　　]

宮口幸治：コグトレドリル やさしいコグトレ一見つけるⅢ. 三輪書店、2023

✏ **こたえ**

形さがし

21
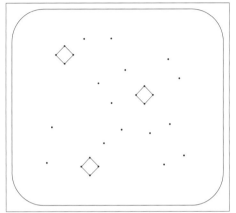

22
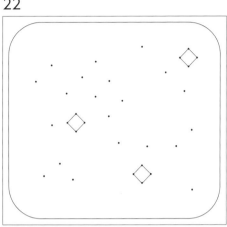

23
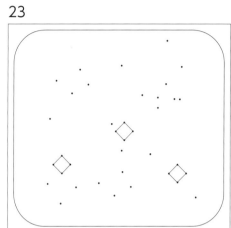

24
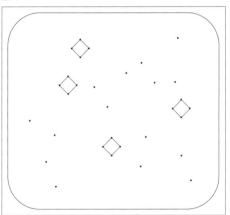

25
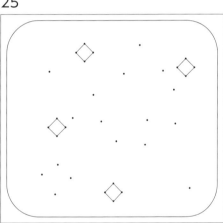

26
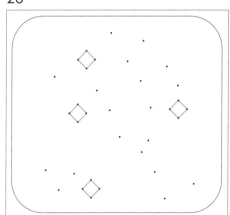

27
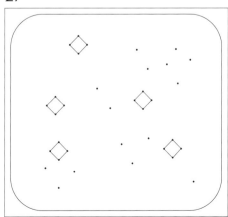

28
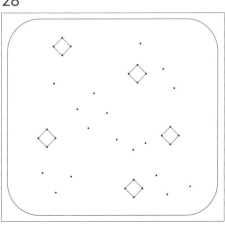

29
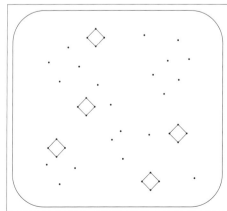

形さがし（続き）

30

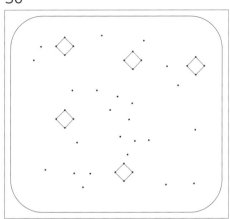

おまけ5

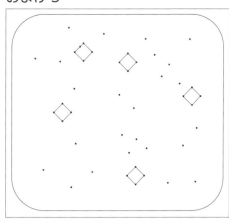

この影はどれ？

②－6：3

②－7：4

②－8：4

②－9：1

②－10：3

②－11：4

②－12：2

②－13：1

②－14：3

②－15：1

②－おまけ2：3

同じ絵はどれ？

②－7：①と④

②－8：③と⑥

②－9：④と⑤

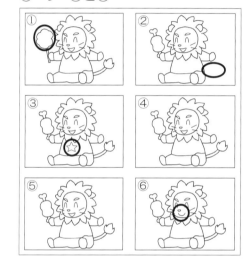

②－10：②と③

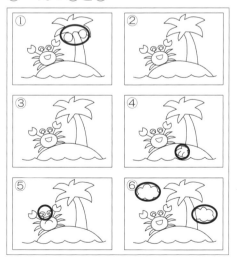

②－11：②と④

②－12：⑤と⑥

同じ絵はどれ？（続き）

②−13：①と②

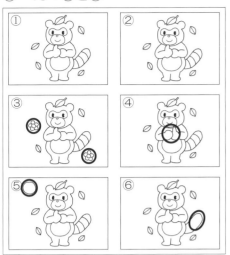

②−14：④と⑥

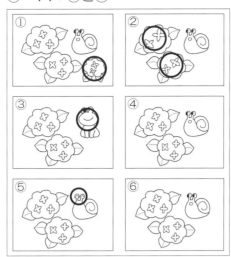

②−15：①と⑤

②−16：③と④

②−17：②と⑤

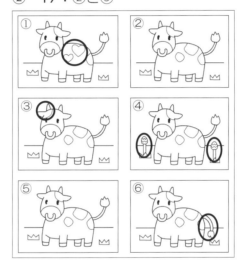

②−18：①と②

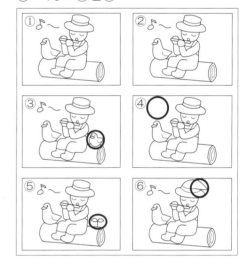

②−19：④と⑥

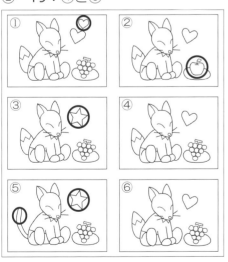

②−20：②と③

②−おまけ２：②と⑥